DIE KANADISCHEN ROCKIES

Die KANADISCHEN ROCKIES

Der Gipfel des Mt. Resplendent

Die Bergketten des Parks lassen aus luftiger Höhe einen
Eindruck dieser unfruchtbaren, unbewohnbaren
Felslandschaft gewinnen. Der Gipfel des Mount Resplendent
im Winter: eine unwirtliche Einöde voller Schönheit.

links

Gelbe Orchideen

In den Sommermonaten sind die hochalpinen Wiesen voller
feuriger Farben der Wildblumen. Der gelbe Frauenschuh
ist eine Waldblume mit langem, graziösem Stiel und
purpurrot-gestreiftem, pantoffelartigem Beutel. Diese
duftreichste Art der Orchideenfamilie wächst am besten in
feuchten, schattigen Gebieten niedriger Lage.

WATERTON

links
Waterton Lakes Nationalpark

Dieser Internationale Friedenspark wurde 1932 gegründet. Ein Teil seines oberen Sees gehört bereits zum Glacier Nationalpark im US-Staat Montana. Die abrubt aus der Ebene wachsende vordere Bergkette Watertons wurde durch 1,5 Millionen Jahre altes Sediment geformt, das sich erst vor relativ kurzer Zeit auf weitaus jüngerem Schiefergestein ablagerte. Dadurch stehen Watertons Berge gewissermaßen auf dem Kopf.

Cameron Falls

Direkt unter dem turbulenten Cameron Wasserfall liegt das älteste sichtbare Gestein der Rockies. Diese nahe der Ortschaft gelegenen Fälle sind einer der Höhepunkte im Waterton Lakes Nationalpark.

KANANASKIS & CANMORE

The Three Sisters

Die Drei Schwestern (im Volksmund Treue, Hoffnung und
Güte genannt) sind das Wahrzeichen von Canmore. Auf den
56 km Langlaufpisten des hiesigen Nordic Centres, einer
Stätte der 1988er Winterolympiade, tummeln sich
Mountain-Bike-Fans während der Sommermonate.

links
King Canyon - Kananaskis Country

Hochwald und Grasland des King Canyon sind typisch für
diese Gegend. Kananaskis Country mit seinen drei
Provinzparks ist ein beliebtes Ausflugsziel für Wanderer,
Radler, Skiläufer, Camping- und Bootsfreunde. Ein reicher
Wildbestand ermöglicht das häufige Sichten von Hirschen,
Elchen und Raubtieren.

BANFF

Banff

Dieses im Herzen der Rockies gelegene,
weltbekannte Reiseziel verbindet Natur und
Kultur. Einerseits Treffpunkt für Bergfreunde,
ist es mit seinem 'Centre for Fine Arts', Museen
und Galerien gleichzeitig die Nabe des
Kunstgeschehens im Bow Valley.

rechts

Cascade Mountain

Der Cascade Mountain stellt den nördlichen
Hintergrund für Banff. An seinem Fuße
florierte zwischen 1903 und 1922 eine
Bergwerksstadt namens Bankhead. In dieser
Zeit wurden dort 55 km an Schächten
ausgehoben und noch heute lassen sich Spuren
der Kohlegruben auffinden. Besucher
erreichen Bankhead auf dem C-Niveau der
Aussichtsrundstrecke (Cirque interpretive
trail), welche gleichzeitig einen näheren Blick
auf den Cascade Mountain ermöglicht.

Umseitig

Mount Rundle

Der Mount Rundle, nach einem Methodisten-
Missionar bei den Ureinwohnern des Nord-
Westens benannt, erhebt sich als Kamm einer
Gesteinswelle oberhalb des Bow Valley, in
dessen Talsenke sich das Banff Springs Hotel
und das Banff Centre for the Arts
einschmiegen. Mit seiner imposanten Höhe von
2846 m ist er ein bekanntes Wahrzeichen
dieser Gegend.

BANFF

Das Banff Springs Hotel im Winter

Die Canadian Pacific Railroad beauftragte Bruce Price mit
dem Entwurf dieses zum Zeitpunkt seiner Eröffnung im
Jahre 1888 größten Hotels der Welt. Seine schloßartige
Architektur im späten Viktorianischen Stil war dermaßen
beeinflussend, daß sie damals zum einzigen akzeptablen
Konzept für Regierungsgebäude in Kanada erhoben wurde.

rechts
Das Banff Springs Hotel

William Cornelius Van Horne, der damalige
Generaldirektor der Canadian Pacific Railroad wußte
genau, daß er das Banff Springs Hotel zum Inbegriff
luxuriöser Eleganz gestalten mußte, um Besucher in die
Rockies zu locken. Heute ist es mit seinem weltberühmten
Golfplatz, seinem Swimming Pool, erstklassigen Restaurants
und hübschen Zimmerfluchten ein Erfolgsbeweis seines
verwirklichten Traums.

BANFF

Hoodoo

Der Hoodoo-Pfad auf dem Tunnel Mountain
führt direkt zu diesen unheimlichen Figuren,
von denen die Stoney-Indianer glaubten sie
seien die Teepees (Indianerzelte) "böser
Götter". Derartige Hoodoos (sprich: Huhduhs)
werden dadurch geformt, daß die obenauf
liegenden Steine das direkt darunter
befindliche Material vor Erosion schützen,
während das umliegende Material verwittert.

rechts
Bow Falls

Ein Fußweg entlang des Bow River führt direkt
zu diesen Fällen. Der Bow River erhielt seinen
Namen durch ein Cree-Indianerwort, was soviel
bedeutete wie "der Platz von dem Bogen
genommen werden", da an seinen Ufern junge
Bäume wachsen, aus denen Jagdbogen
geschnitzt wurden.

BANFF

Der Gipfel des
Sulphur Mountain

Während der achtminütigen Gondelfahrt auf
die 2285 m hohe Spitze des sog. Schwefelberges
entfaltet sich ein herrlicher Blick auf das Bow
Valley (Bogental). Die vielen Großhornschafe
auf dem Gipfel sind ebenso neugierig auf
Besucher wie umgekehrt.

rechts

Bow Valley mit Golfplatz

Der Banff Springs Golfplatz wird als einer der
zehn schönstgelegenen Plätze eingestuft. Vom
Platzrand beobachten neugierige Hirsche und
sog. Maultierrehe gelegentlich die Teilnehmer
beim Golfspiel.

BANFF

Johnston's Canyon

Johnston's Canyon gehört zu den
interessantesten und zugänglichsten
Wanderzielen des Parks. Ein in der Schlucht
angelegter Wanderweg führt in dessen Tiefen
und erlaubt einen großartigen Blick auf sieben
aufgewühlte Wasserfälle. 6 km vom Anfang des
Weges finden sich die blaugrünen Inkpots
(Tintenfässer), aus denen unaufhörlich ein
treibsandähnliches Sediment hervorblubbert.

rechts
Castle Mountain

Dieser so treffend benannte Schloßberg wurde
durch Erosion weicherer Schieferlagen geformt,
welche ursprünglich die widerstandsfähigeren
Kalksandsteinschichten untertrennten. Die
verbleibenden Türme und Treppen geben dem
Castle Mountain die gemeißelte Erscheinung,
der er seinen Namen verdankt.

WILDBESTAND

Grey Wolf / Timber Wolf
Seit Jahrhunderten als böser und blutrünstiger Gauner verschrien, demonstriert der Wald- bzw. Grauwolf menschliche Eigenschaften wie partnerschaftliches Leben und Teilen. Diese größte Wildhundart verfügt über eines der höchstentwickelten Sozialgefüge aller Säugetiere.

links
Bald Eagle
Benjamin Franklin beschwerte sich über die Wahl des weißköpfigen Seeadlers als nationales Symbol der USA und behauptete er sei "schlechten moralischen Charakters" und lebe von "Gerissenheit und Raub". Obwohl meist auf Suche nach Aas und toten Fischen entlang Fluß- und Seeufern, jagd dieser Adler auch Kaninchen, ausgewachsene Wasservögel, sowie junge Ziegen oder Schafe.

KOOTENAY

Radium Hot Springs

Durch Spalten in der Erdoberfläche sickerndes Wasser wird
durch die Nähe zum Erdkern erhitzt, auf seinem Wege mit
Mineralien versetzt und unter Druck zurück an die
Oberfläche befördert. Schon die alten Römer schrieben
Thermalquellen eine labende Heilwirkung zu.

links
Marble Canyon

Kalte Gletscherluft umgibt den beschrifteten Wanderweg
über den Tokumm Bach hinweg bis in die
"Marmorschlucht". Daher wachsen an dieser Stelle des
subalpinen Schluchtwaldes viele Vegetationsarten, die
normalerweise in der Arktik beheimatet sind. Der
marmorartige Polierschliff der Wände wird durch
feinstaubigen Gletscherschlamm im Wasser erzeugt.

MORAINE LAKE

Moraine Lake

Die Gipfel hinter dem "Moränensee" wurden 1893 von Samuel Allen nach den Zahlen eins bis zehn in der Sprache der Stoney-Indianer benannt. Das "Tal der zehn Gipfel" (Valley of the Ten Peaks) wurde seither in Wenkchemna Valley (zehn) umbenannt. Dieser Gletschersee wird aus dem hier nicht sichtbaren Wenkchemna Glacier auf der Nordseite der Berge gespeist.

links
Bull Elk

Diese Hirsche sind auch als Wapiti bekannt, was in der Shawnee-Sprache "Weißrumpf" bedeutet. Hirschbullen haben ein massives, verzweigtes Geweih, welches jährlich abgeworfen und durch ein größeres nachwachsendes ersetzt wird. Während der Brunftzeit im Herbst wird um Paarungsgefährten gekämpft und durch röhren, brüllen und bellen angezeigt.

vorherige seite
Moraine Lake

In der Annahme, daß dieser See durch eine Gletschermoräne gestaut wurde, verlieh Walter Wilcox ihm 1899 seinen Namen. Die auf einer Uferseite aufgehäuften Gesteinsablagerungen vom Boden eines ehemaligen Binnenmeeres deuten jedoch auf eine zweitmögliche Erklärung für die ursprüngliche Stauung des Sees.

LAKE LOUISE

Lake Louise
Stoney-Indianer beschrieben den ersten Bergforschern
diesen Platz als "weißen Berg über dem See kleiner Fische".
Heutzutage können Besucher hier Kanus mieten um den
See zu erforschen und schwimmende Bieber in Ufernähe
oder beim Nagen zu beobachten.

links
Chateau Lake Louise
1890 von der Canadian Pacific Railroad am Seeufer erbaut
um für die neue Eisenbahnlinie zu werben, hat sich die
einstmalige kleine Blockhütte zum heutigen Chateau Lake
Louise, einem Luxushotel für 1000 Gäste entwickelt.

LAKE LOUISE

Mt. Temple
Mit seinen 3543 m ü.M. ist Mount Temple der
höchste Gipfel in der Umgebung von Lake
Louise. Er wurde 1894 erstmalig von Walter
Wilcox und Samuel Allen erstiegen und war
damals der erste über 3353 m in Kanada
vermessene Berg.

rechts
Lake Louise Trail
Der vor dem Chateau beginnende Wanderweg
winded sich sanft um das Seeufer, bevor er
leicht ansteigt und sich in zwei Richtungen
gabelt: zum Teehaus unter der Plain of Six
Glaciers (Sechs-Gletscher-Ebene) bzw. zum
Teehaus am Agnes Lake. Fußmüde Besucher
mit Alternativvorstellungen können auch den
Weg entlang reiten.

umseitig
Lake Louise Poppies
An den Hängen des Mt. Victoria liegt die
Sechs-Gletscher-Ebene. Die Narben der
Moränen verzeichnen den jeweiligen
Fortschritt bzw. Rückzug der Gletscher.
Darunter blüht und gedeiht isländischer
Mohn. Obwohl weit von der Heimat entfernt,
hat diese in Sibirien beheimatete Pflanze hier
an den Ufern des Lake Louise ideale
Bedingungen vorgefunden.

YOHO

Natural Bridge

Der Kicking Horse River (Fluß, an dem die Pferde
ausschlagen) gräbt seinen Weg durch weiches Schiefergestein
bishin zur Naturbrücke, wo der unnachgiebige
Kalksandstein Widerstand leistet. Mit der Zeit hat er jedoch
etwas nachgegeben und verzeichnet tiefe, eine "Brücke"
bildende Risse, durch die sich das Wasser zwängt.

links
Biber

Ein Verbündeter der Naturschützer und oftmals "Holzfäller
der Natur" genannt, baut seine Dämme und trägt damit zur
Verhütung von Überschwemmungen bei. Ein Biber muß
unermüdlich nagen um seine Schneidezähne abzuwetzen,
die sich andernfalls nach innen krümmen und ihm durch
den eigenen Schädel wachsen würden. Langsam und
unbeholfen an Land, flink unter und im Wasser, kann er
außerdem den Atem bis zu 15 Minuten anhalten und
Luftblasen unter dem Eis einatmen.

YOHO

Emerald Lake

Der "Smaragd See" ist der größte im Yoho Nationalpark
und ein beliebtes Ziel für passionierte Wanderer. Der auf
einer Gletschermoräne erbaute Gasthof dient den meisten
als Ausgangspunkt für Wanderungen am Ufer entlang oder
zum Emerald Basin (Smaragd-Becken), auch liebevoll
"Gletscher-Amphitheater" genannt.

rechts
Takakkaw Falls

Takakkaw bedeutet in der Sprache der Cree-Indianer soviel
wie "es ist großartig". Diese Fälle sind das Wahrzeichen des
Yoho Nationalparks. Sie werden vom einem See am Fuße des
Daly Gletschers gespeist, dessen Ausfluß im Winter zu
einem Rinnsal versiegt.

WILDBESTAND

Black Bear Cubs

Die Jungen der Schwarzbären werden im Januar und
Februar geworfen und verbringen normalerweise die ersten
16 Monate mit ihrer Mutter. Diese guten Schwimmer und
Kletterer finden sich hauptsächlich in stark bewaldeten
Gegenden. In den Banff und Jasper Nationalparks ist ihnen
ihr einziger natürlicher Feind, der Grizzly, anzahlmäßig im
Verhältnis 2:1 überlegen.

links
Grizzly

Mit Pelzschattierungen von creme-gelb bis schwarz ist der
Grizzly oder auch Kodiak das größte und stärkste Raubtier
der Rockies. Dieser scheue Einzelgänger ist hauptsächlich
auf hochalpinen Wiesen anzutreffen. Seine zu 90% aus
vegetarischen Nahrungsmitteln bestehende Diät schließt
aber auch Huftiere, kleine Säugetiere und sogar Jungbären
der eigenen Art ein.

ICEFIELD PARKWAY

Herbert Lake

Herbert Lake ist eine gutes Beispiel für einen
Bergsee, der durch Gletscherbewegungen
entstand, wobei das Grundgestein ausgeschürft
bzw. Schmelzwasser durch eine Moräne oder
Schotter gestaut wurde.

links
Crowfoot Glacier

Am "Krähenfuß-Gletscher" wird dessen
Entstehungsgeschichte veranschaulicht. Von
den oberen steilen Klippen fällt Schnee auf die
unteren Hänge, der sich auf der Schattenseite
des Crowfoot Mountain ablagert und zu
Gletschereis verdichtet. Mit der Zeit zieht sich
der Gletscher zurück und prägt auf diese Art
die charakteristischen Züge dieses Berges.

ICEFIELD PARKWAY

Goldenes Erdhörnchen

Diese Art von Erdhörnchen zeichnet sich durch von Schulter bis Rumpf verlaufende schwarze und weiße Streifen sowie seine goldene Kopf- und Schulterdecke aus. Es ist in den alpinen und subalpinen Zonen der Rockies beheimatet und muß durch Nahrung aus Saatkörnern, Beeren und Insekten ausreichend Fett für den Winterschlaf ansetzen.

links

Bow Lake

Am Ufer dieses Gletschersees und Hauptquelle des Bow River, erbaute Jimmy Simpson 1920 eine Berghütte, die er in den dreißiger Jahren vergrößerte, als der Icefields Parkway gebaut wurde. Heute steht die wunderschöne Num-ti-Jah Lodge auf der Stelle des ursprünglichen Blockhauses.

umseitig

Sonnenaufgang am Peyto Lake

Der englische Immigrant "Wild" Bill Peyto machte sich bald nach seiner Ankunft im Jahre 1890 einen Namen als Bergführer ins rauhe Hinterland. Er leitete zahlreiche Expeditionen, die u.a. 1898 zur Entdeckung des Columbia Icefields führten und wurde später einer der ersten Wildhüter und Parkaufseher. Die Aussichtsplattform am Peyto Lake bietet einen der atemraubendsten Blicke im ganzen Nationalpark.

ICEFIELD PARKWAY

Tour im Gletschermobil

Eine Fahrt mit dem Brewster Snocoach ist die
sicherste und interessanteste Art und Weise das
Columbia Icefield kennenzulernen und sich
von Experten in die Geheimnisse dieser weiten
Eislandschaft einweihen zu lassen.

links
Athabasca Glacier

Seine Straßennähe und der Weg über das
Vorfeld machen den Athabasca Gletscher so
leicht zugänglich wie keinen anderen in
Nordamerika. Er ist lediglich einer von
insgesamt acht talwärts fließenden Gletschern
des Columbia Eisfeldes. Wanderern wird
empfohlen sich gut zu vermummen, denn hier
im eisigen Wind schmilzt der Schnee nur selten.

ICEFIELD PARKWAY

Sunwapta Falls
Der Sunwapta River wurde durch eine Moräne von seinem
ursprünglichen Verlauf verdrängt und muß sich seither
durch harten Kalksandstein zwängen. Das Gewässer schuf
eine steile Schlucht und fällt hier in
den Athabasca River zurück.

links
Athabasca Falls
Der Athabasca River fällt hier über eine Stufe im
unterliegenden Grundgestein aus hartem Quarzfels, der
selbst Gletschererosion Widerstand leistete und sich auch
dem konstanten Wasserfluß widersetzt. Von eingezäunten
Aussichtspunkten läßt sich der 23 m tife Sturz in die
Talsohle gut beobachten.

JASPER

Jasper Tramway

Die Seilbahn bezwingt einen Höhenunterschied
von 937 m und eröffnet den Blick über die
Athabasca und Miette Flußtäler. Die Fahrt
über alpine und subalpine Ökozonen dieser
Bergregion hinweg ist ein einzigartiges,
aufregendes Erlebnis.

rechts
Mt. Edith Cavell

Dieser Berg wurde nach der englischen
Krankenschwester Edith Louisa Cavell benannt,
die im 1. Weltkrieg wegen Beihilfe zur Flucht
alliierter Kriegsgefangener von einem
deutschen Kriegsgericht verurteilt und
hingerichtet wurde. Vor weniger als 100 Jahren
zog sich der Angel Glacier zurück und vereinte
sich mit dem Cavell Glacier. Die von dieser
Bewegung verursachten Markierungen können
vom Gletscherwanderpfad aus gesehen werden.

JASPER

Jasper Park Lodge

Nach Fertigstellung der Canadian Pacific Railroad wuchs die Ortschaft von Jasper derart schnell, daß am Ufer des Lac Beauvert eine Zeltstadt errichtet wurde. Der Bedarf an Unterkünften für die immer steigende Anzahl von Besuchern führte dann zum Bau der Jasper Park Lodge.

gegenüber
Lac Beauvert

Der französische Name dieses hufeisenförmigen Sees bezieht sich auf dessen außergewöhnlich grüne Farbe. Jedoch das Wasser selbst ist nicht grün, sondern der am Seeboden abgelagerte feine Gletscherstaub reflektiert das Licht auf besondere Weise, was diesen farbigen Eindruck hervorruft.

Pika

Das Pika oder "Felskaninchen" wechselt seine Deckfarbe zur Tarnung im Einklang mit der steinigen Umgebung.

JASPER

Mountain Goat
Dieser behende Kraxler ist asiatischen Antilopen näher
verwandt als den Ziegen und ist in zerklüfteten Höhenlagen
über 2000 m beheimatet. Mit einem im Winter wachsenden
Bart und warmen Schutz an den Vorderbeinen ist er für
seine rauhe Umwelt gut ausgerüstet. Geschmeidige Hufe als
Saugnäpfe und Stoßdämpfer sorgen für die benötigte
Manövrierfähigkeit auf steilen Klippen.

rechts
Pyramid Mountain
Der Pyramidenberg erhebt sich in weniger als 10 km
Entfernung von Jasper. Seine rötliche Fassade spiegelt sich
im ruhigen Wasser des Patricia Lake wider, der nach
Prinzessin Patricia, Tochter des kanadischen
Generalgouverneurs von 1911-1916, benannt wurde.

JASPER

Sonnenaufgang am Maligne Lake

Den Stoney-Indianern als "Chaba Imne" oder Bibersee
bekannt, ist das größte natürliche Gewässer in den Rockies.
Ein Missionar der Jesuiten, der 1846 Schwierigkeiten beim
Überqueren nahe der Flußmündung hatte, gab ihm den
französischen Namen für "bösartig".

links
Maligne Canyon

Einer der ersten Besucher hier meinte, daß dieser größten
und tiefsten Kalksandsteinschlucht der Rockies "jede
andere dem Sprung einer Teetasse vergleichbar" sei. Vom
Restaurant am oberen Rande können Besucher diese
Schlucht erforschen, die in über 11.000 Jahren vom
Maligne River gefurcht wurde.

JASPER

Roche Miette
"Miette", französisch für Krümel, ist nicht gerade ein besonders passender Name für diesen aus besonders hartem Kalksandstein bestehenden Berg. Wahrscheinlich wurde er zu Ehren eines französischen Pelzhändlers des 19. Jahrhunderts namens Miette benannt, von dem erzählt wird, er hätte sich nach Besteigung des Berges mit baumelnden Beinen über den Abgrund gesetzt.

links
Maligne Lake
Schmelzwasser des Brazeau Eisfeldes sammelt sich im See und speist den Maligne River, der einer wichtigen geologischen Verwerfungslinie in der Erdkruste folgt. Im Talboden verläuft ein unterirdisches Flußsystem, das sich über 17 km erstreckt und damit wahrscheinlich das größte der Erde darstellt.

MOUNT ROBSON

Mount Robson

Mit seinen 3994 m ist Mount Robson der Höchste Berg der
gesamten Kette. Die Spitze dieses Giganten ist meist verhüllt
und selten zu sehen, was ihm den Spitznamen
"Wolkenmütze" eingetragen hat. Hinter seiner Nordseite
verbirgt sich eine der spektakulärsten Gletscherformationen
der Rockies, eine schwer verdiente und angemessene
Belohnung für Wanderer mit Rucksack.

Canadian Cataloguing in Publication Data
Grobler, Sabrina, 1972-
Canadian Rockies

1. Rocky Mountains, Canadian (B.C. and Alta.)--Pictorial works.* 2. Rocky
Mountains, Canadian (B.C. and Alta.)* I. Title
FC219.G76 1997—-971.1'0022'2—-C96-910877-X
F1080.G76 1997

Copyright © 1997 Altitude Publishing Canada Ltd.

Photographs: Carole Harmon, Don Harmon, Stephen Hutchings,
Dennis and Esther Schmidt, Doug Leighton p.11, Chris Dunlop p.7

Production:
Art Direction and Design ....Stephen Hutchings
Project management ....Sharon Komori
Production management.......................................Mark Higenbottam
Financial management..Laurie Smith
Sales management ....Scott Davidson

A participant in the Altitude GreenTree Program in which twice as many trees
will be planted as were used in the manufacturing of this book.

Printed in Canada by Friesen Printers, Altona Manitoba

Ariel Publishing
1500 Railway Avenue, Canmore Alberta T1W 1P6
(403) 678-8888 • Order Desk 1-800-957-6888

ISBN: English 1-55153-828-8; German 1-55153-829-6; Japanese 1-55153-830-X; French 1-55153-831-8